한자의 세 가지 요소

한자는 각 글자가 다음의 세 가지 요소로 이루어져요.

❶ 모양 – 한자는 글자마다 일정한 모양, 즉 형(形)을 갖고 있어요.

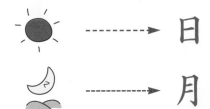

❷ 뜻 – 한자는 글자마다 고유한 뜻, 즉 의(意)를 가지고 있어요.
　　　훈(訓)이라고도 해요.

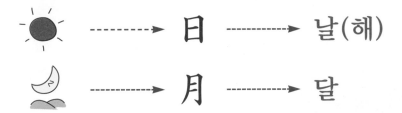

❸ 소리 – 한자는 모양도 가지가지이지만 글자마다 일정한 소리,
　　　　즉 음(音)을 가지고 있어요.

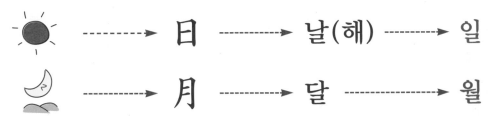

하늘에 하얀 눈송이를 가득 그려서 눈이 펄펄 날리게 해 주세요.
그리고 아래의 한자를 쓰는 순서대로 바르게 써 보세요.

흰 **백**

white[와잇]:흰

★ 白은 해의 밝은 빛을 본떠서
만든 글자입니다.

白人(백인)
白雪(백설)

또르르또르르, 김밥을 말아요. 빈 곳을 검은색으로 칠하고, 아래의 한자를 읽고 써 보세요.

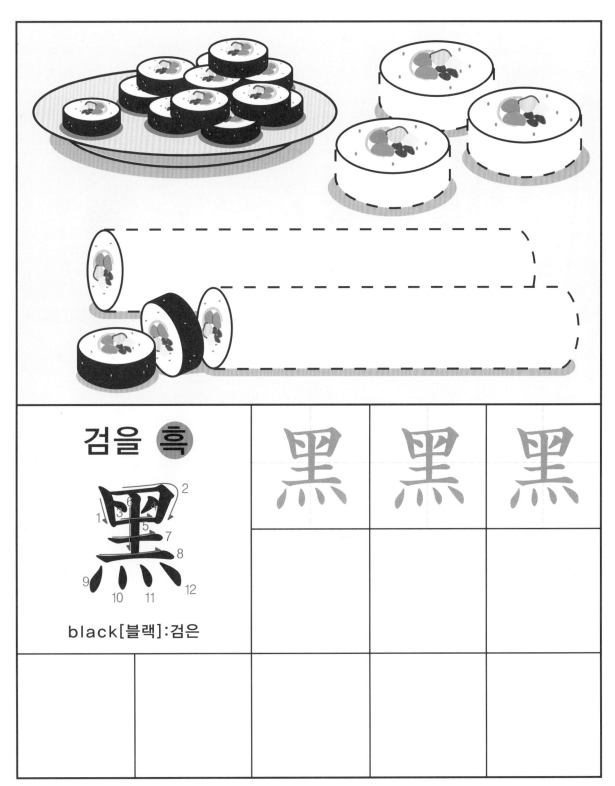

검을 **흑** 黑 black[블랙]:검은	黑	黑	黑

★ 黑은 굴뚝 밑에서 불을 지피는 모양을 본떴습니다.

 → 罘 → 黑

黑人(흑인)
黑字(흑자)

빈 곳을 빨간색으로 예쁘게 칠하세요.
그리고 아래의 한자를 큰 소리로 읽고 써 보세요.

붉을 **적**

赤

red[레드]:빨간

赤 赤 赤

★ 赤은 사람과, 불이 타오르는
모양을 합쳐 만들었습니다.

→ 夶 → 赤

赤字(적자)
赤信號(적신호)

하늘을 파랗게 예쁘게 색칠해 보세요.
그리고 아래의 한자를 쓰는 순서대로 바르게 써 보세요.

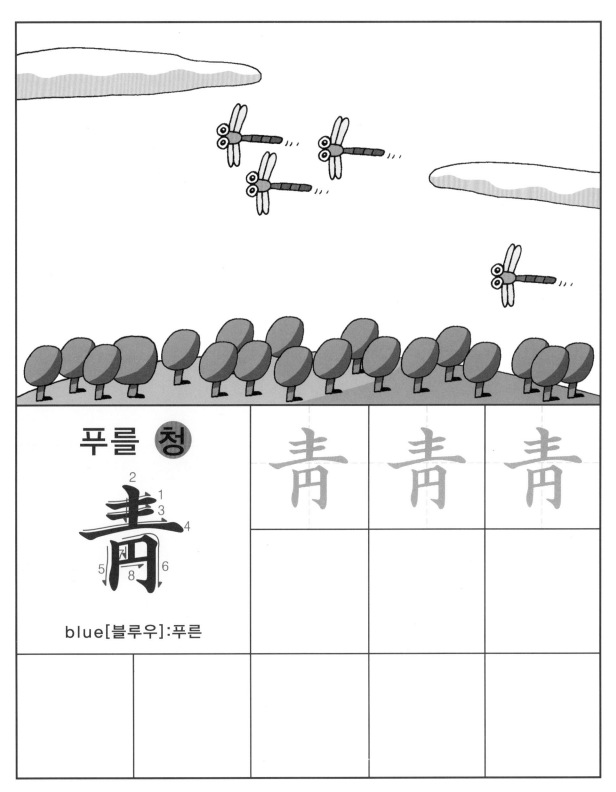

푸를 청

blue[블루우]:푸른

★ 靑은 푸른 식물과 우물의 모양을 본떴습니다.

靑年(청년)
靑春(청춘)

노란색이 어울리는 그림을 찾아 노랗게 색칠하세요.
그리고 아래의 한자를 읽고 써 보세요.

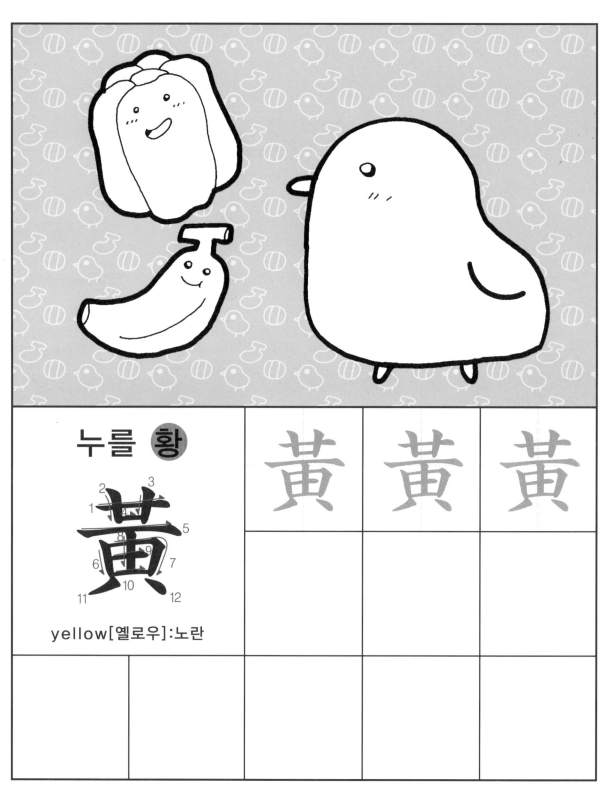

누를 **황**

黃

yellow[옐로우]:노란

黃 黃 黃

★ 黃은 밭에서 불을 피우는 모양을 본떠서 만든 글자입니다.

 → 黃 → 黃

黃人種(황인종)

黃土(황토)

빈 곳을 초록색으로 멋지게 색칠하세요.
그리고 아래의 한자를 읽고 써 보세요.

초록 **록**

綠

green[그리인]:녹색

綠	綠	綠

★ 綠은 糸(실 사)와 彔을 합쳐서
만든 글자입니다.

糸 + 彔 → 綠

綠茶(녹차)
草綠(초록)

생쥐들이 통통하게 살이 쪘어요. 생쥐들을 회색 크레파스로
예쁘게 색칠하고, 아래의 한자를 읽고 써 보세요.

재 **회**

灰

gray[그레이]:회색 /ash[애쉬]:재

灰 灰 灰

★ 灰는 厂와 火(불 화)를 합쳐서
만든 글자입니다.

厂 + 火 → 灰

灰色(회색)

빈 곳을 알맞은 색깔로 예쁘게 색칠하여 무지개를 완성하세요.
그리고 아래의 한자를 쓰는 순서대로 바르게 써 보세요.

빛 색

色

color[컬러]:빛깔

色

色

色

★ 色은 사람이 지팡이를 짚고 있는
모습을 본뜬 글자입니다.

色彩(색채)
顔色(안색)

빈 곳을 한자에 맞는 색깔로 예쁘게 색칠해 보세요.
그리고 그림을 재미있는 이야기로 꾸며 보세요.

12

붉은색을 나타내는 한자

한자에는 붉은색을 뜻하는 글자가 많아요.

赤(붉을 적) → 적자(赤字 : 붉은 글자)
　　　　　　　버는 돈보다 쓰는 돈이 더 많음을 일컬음.
朱(붉을 주) → 주목(朱木 : 붉은빛이 나는 나무의 이름)
丹(붉을 단) → 단순(丹脣 : 붉은 입술)
紅(붉을 홍) → 홍엽(紅葉 : 단풍이 들어 붉은빛이
　　　　　　　나는 나뭇잎)

백의 민족

예부터 우리 민족은
백의 민족(白衣民族)이라고 불렸어요.
흰 옷의 민족이란 뜻이지요.
우리 조상들이 흰 옷을 즐겨 입는
것을 보고 다른 나라 사람들이 붙여
준 이름이래요.
옛날 사람들은 굉장히 깔끔하고
부지런했나 봐요. 흰 옷은 쉬
더러워지니, 열심히 빨래를 해서
입었을 게 틀림없으니까요.

白	白				
黑	黑				
赤	赤				
青	青				
黃	黃				
綠	綠				
灰	灰				
色	色				

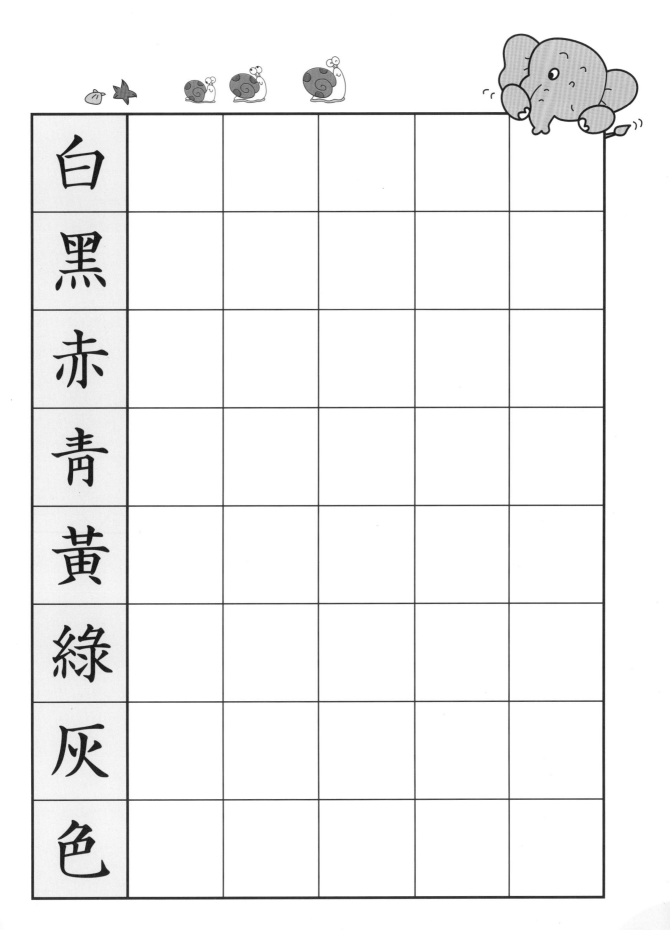

白					
黒					
赤					
青					
黄					
緑					
灰					
色					

주룩주룩 비가 내려요. 빗줄기를 재미있게 그리고,
아래의 한자를 읽고 써 보세요.

비 우

rain[레인]:비

★ 雨는 구름에서 빗방울이 떨어지는
모양을 본떠서 만든 글자입니다.

 →雨 → 雨

雨衣(우의)
暴雨(폭우)

구름을 마음대로 재미있게 꾸미고,
아래의 한자를 쓰는 순서대로 바르게 써 보세요.

구름 운

雲

cloud[클라우드]:구름

★ 雲은 비 오는 모양과 입에서
입김이 나는 모양을 본떴습니다.

 →雫→雲

雲霧(운무):구름과 안개
星雲(성운)

18

캄캄한 밤 하늘에 하얀 눈송이를 마음대로 그려 보세요.
그리고 아래의 한자를 쓰는 순서대로 바르게 쓰세요.

눈 설

雪

snow[스노우]:눈

雪 雪 雪

★ 雪은 하늘에서 비가 오는 모양과
싸리의 모양을 본뜬 글자입니다.

 → 雩 → 雪

雪景(설경)
白雪(백설)

휘잉휘잉 세차게 부는 바람을 그려 넣어 보세요.
그리고 아래의 한자를 큰 소리로 읽으면서 써 보세요.

바람 풍 風 wind[윈드]:바람	風	風	風

★ 風은 바람이 부는 모양과 벌레의 모양을 본떠서 만든 글자입니다.

風景(풍경)
風車(풍차)

겨울이 가고 따뜻한 봄이 왔어요. 봄 풍경을 멋지게 완성하고,
아래의 한자를 읽고 써 보세요.

봄 춘	春	春	春
春 (1 2 3 4 5 6 7 8 9)			
spring[스프링]:봄			

★ 春은 햇볕을 받은 풀의 싹이
돋아나는 모양을 본떴습니다.

春風(춘풍)
思春期(사춘기)

봄이 물러가면 여름이 찾아오지요. 여름 풍경을 멋지게 완성하고, 아래의 한자를 읽고 써 보세요.

여름 **하**

夏

summer[써머]:여름

夏　夏　夏

★ 夏는 사람이 더워서 머리와 발을 드러냄을 뜻하는 글자입니다.

 → 㚆 → 夏

夏至(하지)
夏服(하복)

가을 나뭇잎을 예쁘게 색칠해 보세요.
그리고 아래의 한자를 쓰는 순서대로 바르게 쓰세요.

가을 **추**	秋	秋	秋
autumn[오오텀]:가을			

秋는 벼와 불을 합쳐 만든
글자입니다.

🌾🔥 → 秌 → 秋

秋收(추수)

秋夕(추석)

손이 꽁꽁, 발이 꽁꽁, 추운 겨울이 찾아왔어요. 장갑을 마음에
드는 색깔로 예쁘게 색칠하고, 아래의 한자를 읽고 써 보세요.

겨울 **동**

冬

winter[윈터]:겨울

★ 冬은 추워서 얼음이 어는
계절임을 뜻하는 글자입니다.

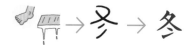

冬季(동계)
冬至(동지)

그림을 잘 보고, 그림에 알맞은 계절 이름(春, 夏, 秋, 冬)을 빈 칸에 쓰세요.

알록달록 예쁜 색깔의 비나 눈이 내리면 얼마나 좋을까요?
구름에 쓰어진 한자를 잘 보고, 버섯을 알맞게 색칠하세요.

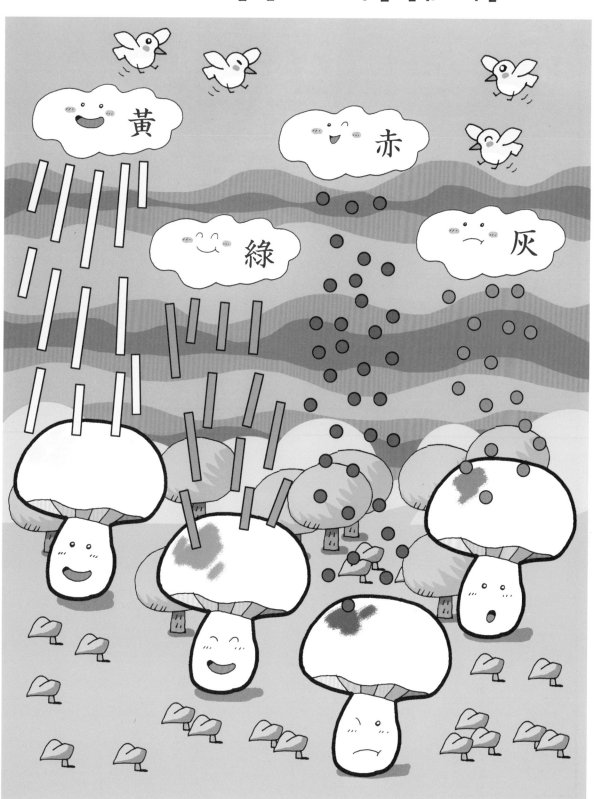

雨	雨			
雲	雲			
雪	雪			
風	風			
春	春			
夏	夏			
秋	秋			
冬	冬			

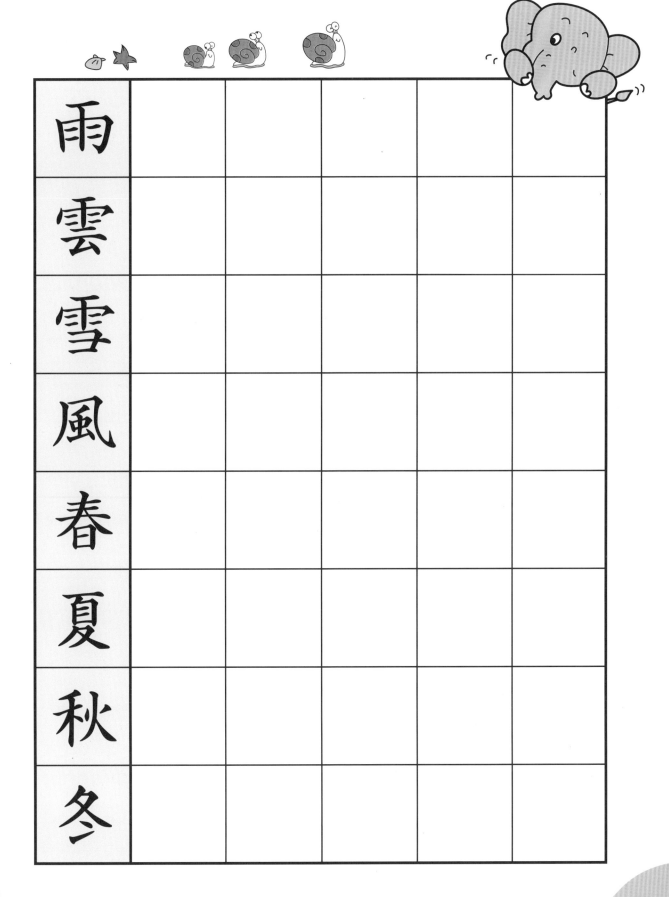

雨					
雲					
雪					
風					
春					
夏					
秋					
冬					

走馬看山

산 옆을 지나면서 뭐 달라진 거 못 보았나?

달라진 게 뭐 있어요. 그냥 푸른 산이던데요.

단풍 든 것도 못 보았단 말야? 주마간산이라더니, 그 말이 왜 생겼는지 이제 알겠네.

走(달릴 주) 馬(말 마) 看(볼 간) 山(메 산)

말을 타고 달리며 산천을 구경한다는 뜻으로,
사물의 겉만을 대충 보고 지남을 이릅니다.
'수박 겉 핥기'란 말도 비슷한 말입니다.

육서(六書)

한자는 그 수가 5만 가량이나 되지만, 각 글자가 어떻게 만들어졌는지 꼼꼼히 살펴보면 여섯 가지 방법 가운데 한 가지 방법으로 만들어졌음을 알 수 있습니다. 한자를 만드는 이 여섯 가지 원리를 육서(六書)라고 합니다.

① **상형**(象形)
구체적인 사물의 모양을 본떠서 만드는 방법으로 한자 구성의 가장 기본이 됩니다.

🌳 → 米 → 나무 목(木)　　⛰ → 山 → 메 산(山)

☀ → 日 → 날 일(日)　　🧍 → 人 → 사람 인(人)

② **지사**(指事)
모양을 본뜨기가 어려운 생각이나 뜻을 점이나 선 같은 부호로 나타내는 방법입니다.

• → 上 → 위 상(上)　　• → 下 → 아래 하(下)

☝ → 一 → 한 일(一)　　🖐 → 三 → 석 삼(三)

③ **회의**(會意)
이미 만들어진 두 개 이상의 글자를 뜻으로 결합하여 새로운 글자를 만들어 내는 방법입니다.　뜻 + 뜻

女 + 子 → 좋을 호(好)
人 + 木 → 쉴 휴(休)
人 + 言 → 믿을 신(信)

④ 형성(形聲)

이미 만들어진 글자 가운데서 어떤 글자에서는 뜻을, 어떤 글자에서는 소리를 가져와 결합하여 새로운 글자를 만들어 내는 방법으로 한자의 90% 정도가 형성 문자입니다.

물을 문(問) ---- 口(뜻) + 門(소리)
기둥 주(柱) ---- 木(뜻) + 主(소리)
기록할 기(記) --- 言(뜻) + 己(소리)
마을 촌(村) ---- 木(뜻) + 寸(소리)

⑤ 전주(轉注)

이미 만들어진 글자의 본래 음이나 뜻을 완전히 다른 음과 뜻으로 바꿔 쓰는 방법입니다.

내릴 강(降) ⟶ 항복할 항   降服(항복)
석 삼(參) ⟶ 참석할 참   參席(참석)
악할 악(惡) ⟶ 미워할 오   嫌惡(혐오)

⑥ 가차(假借)

원래의 뜻과는 상관 없이 소리가 비슷하거나 같은 글자를 빌려서 쓰는 방법입니다. 소리나 모양을 흉내내는 말이나 한자어가 아닌 글자, 특히 외래어 같은 말에 사용합니다.

아세아(亞細亞) ⟶ 아시아(Asia)
인도(印度) ⟶ 인디아(India)

방위

北

東

西

南

해는 동쪽에서 떠요. ←에서 ●까지 한 번에 긋고,
아래의 한자를 읽고 써 보세요.

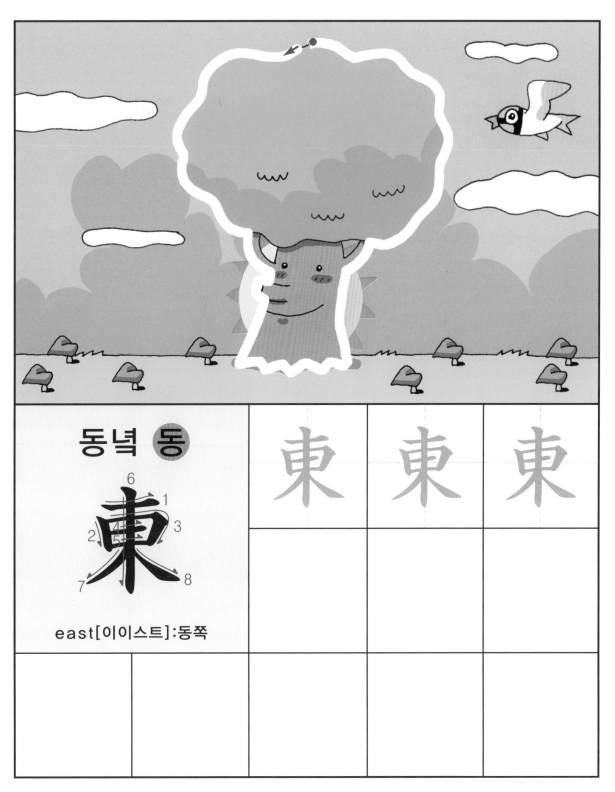

동녘 동	東	東	東
東 east[이이스트]:동쪽			

★ 東은 떠오르는 해가 나무에 걸린
모양을 본떠서 만든 글자입니다.

 → 東 → 東

東大門(동대문)
東海(동해)

해님이 서쪽 산 너머로 지고 별이 나오기 시작해요.
별을 마음대로 색칠하고, 아래의 한자를 바르게 써 보세요.

서녘 **서**	西	西	西
西 west[웨스트]:서쪽			

⭐ 西는 해가 질 때 둥지로 돌아와
있는 새의 모양을 본떴습니다.

西洋(서양)
西山(서산)

지구 남쪽 끝 남극에는 펭귄이 살아요. 南자가 씌어져 있는 칸만 색칠하고, 아래의 한자를 바르게 써 보세요.

남녘 남

南

south[사우쓰]:남쪽

南 南 南

★ 南은 풀과 나무가 무성한 모양을 본떠서 만든 글자입니다.

南大門(남대문)
南向(남향)

37

지구의 북쪽 끝 북극에는 흰곰(북극곰)이 살아요.
→ 에서 ●까지 길을 빠져 나가고, 아래의 한자를 써 보세요.

북녘 북

north[노오쓰]:북쪽

⭐ 北은 두 사람이 등지고 있는
모습을 본뜬 글자입니다.

北斗七星(북두칠성)
北韓(북한)

우리 나라는 삼면이 바다로 둘러싸여 있어요. 34쪽의
그림을 잘 보고, 그림에 알맞은 한자를 줄로 이으세요.

바구니 안에 있는 공만 예쁘게 색칠하고,
아래의 한자를 쓰는 순서대로 바르게 써 보세요.

안 내

内

inside[인싸이드]:안

★ 内는 사람이 집 안으로 들어가는
모양을 본떴습니다.

内容(내용)
案内(안내)

연못 밖에 있는 개구리가 모두 몇 마리인지 □에 그 수를
한자로 쓰세요. 그리고 아래의 한자를 읽고 써 보세요.

바깥 외

外

outside[아웃싸이드]:밖

外 外 外

★ 外는 夕(저녁 석)에 卜(점 복)을
합한 글자입니다.

 → 夘 → 外

外國(외국)
內外(내외)

강아지 앞에 가는 친구의 옷을 마음대로 멋지게 색칠하세요.
그리고 아래의 한자를 바르게 써 보세요.

앞 전

前

front[프런트]:앞

前 前 前

★ 前은 칼로 나무를 베어 배를 만들어
앞으로 나아가는 모양을 본떴습니다.

前番(전번)
午前(오전)

각각 어떤 동물의 뒷모습인지 말해 보세요.
그리고 아래의 한자를 바르게 쓰세요.

뒤 **후**

後

back[백]:뒤

後　後　後

★ 後는 어린이가 어른을 뒤따라
가는 모양을 본떴습니다.

 → 後 → 後

後悔(후회)

最後(최후)

한쪽 장갑에 씌어진 한자와 반대 또는 맞서는 뜻을 가진 한자를 보기 에서 찾아 다른 쪽 장갑에 쓰세요.

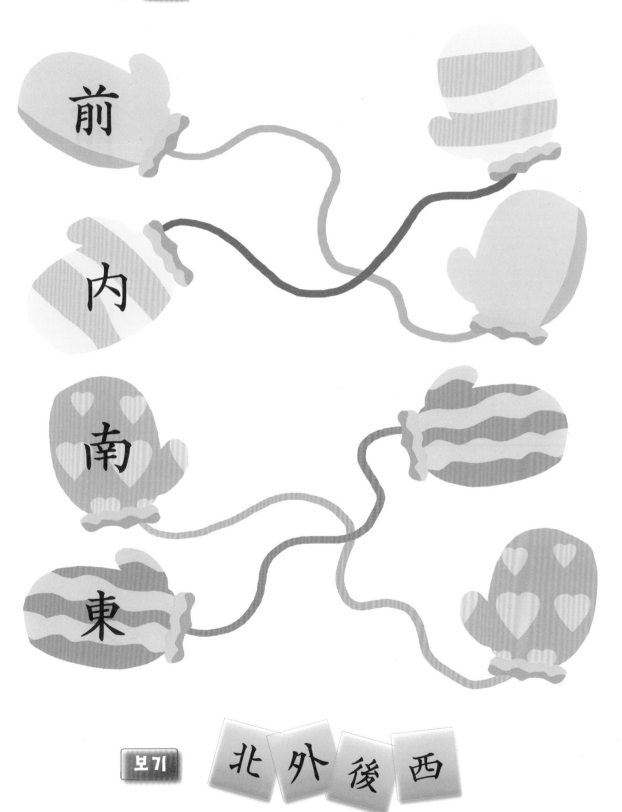

前

內

南

東

보기   北 外 後 西

45

東	東				
西	西				
南	南				
北	北				
內	內				
外	外				
前	前				
後	後				

東					
西					
南					
北					
内					
外					
前					
後					

東(동녘 동) 問(물을 문) 西(서녘 서) 答(답할 답)

동쪽 물음에 서쪽 답이란 뜻으로, 엉뚱한 대답을 함을 일컫는 말입니다.

빈 곳을 멋지게 색칠하고, 집 안에 누가 있는지 말해 보세요.
그리고 아래의 한자를 읽고 써 보세요.

집 **가**

家

house[하우스]:집

家 家 家

★ 家는 지붕 밑에 있는 돼지의
모양을 본떠서 만든 글자입니다.

  → 家

家族(가족)

畫家(화가)

미로를 빠져 나가 문 밖으로 나가 보세요.
그리고 아래의 한자를 쓰는 순서대로 바르게 써 보세요.

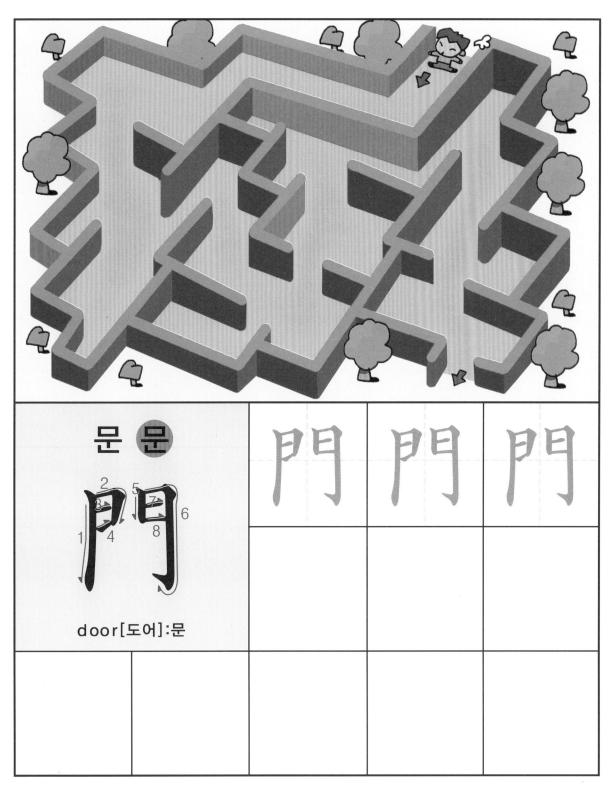

문 문

門

door[도어]:문

★ 門은 두 개의 문을 닫아 놓은
모양을 본뜬 글자입니다.

🏠 → 門 → 門

家門(가문)
大門(대문)

빈 곳을 색칠하고, 자동차의 어디가 이상한지 말해 보세요.
그리고 아래의 한자를 읽고 써 보세요.

수레 **거 차**

車

car[카아]:차

車 車 車

★ 車는 두 개의 바퀴가 달린 수레
모양을 본떠서 만든 글자입니다.

 → 車 → 車

自動車(자동차)
自轉車(자전거)

캄캄한 밤이 되자 창문마다 불빛이 비쳐요. 창문을 마음대로 예쁘게 꾸미고, 아래의 한자를 큰 소리로 읽고 써 보세요.

창 창			
窓 window[윈도우]:창문	窓	窓	窓

★ 窓은 穴(구멍 혈)에 悤을 합친 글자입니다.

穴 + 悤 → 窓

窓戶紙(창호지)
車窓(차창)

아침 일찍 일어나 마당에서 체조를 해요. 그림을 완성하고,
아래의 한자를 읽고 써 보세요.

마당 **장**

場

yard[야아드]:마당

場 場 場

★ 場은 볕이 잘 드는 곳이 마당임을
뜻하는 글자입니다.

場所(장소)
運動場(운동장)

방 안에 무엇이 있나요? 방 안을 마음대로 멋지게 꾸며 보세요.
그리고 아래의 한자를 읽고 써 보세요.

집/방 실	室	室	室
室 room[루움]:방			

⭐ 室은 지붕 밑에 새가 있는 모양을 본떠서 만든 글자입니다.

 → 室 → 室

室內(실내)
居室(거실)

튼튼한 기둥이 지붕을 받치고 있어요. 점선 따라 기둥을 그리고, 아래의 한자를 읽고 써 보세요.

기둥 **주**

柱

pillar[필러어]:기둥

柱 柱 柱

★ 柱는 木(나무 목)과 主(주인 주)를 합쳐서 만든 글자입니다.

木 + 主 → 柱

支柱(지주)
電柱(전주)

개구리가 목이 말라 물을 마시러 왔어요.
점선 따라 우물을 그리고, 아래의 한자를 읽고 써 보세요.

우물 정

井

well[웰]:우물

井 井 井

★ 井은 우물의 모양을 본떠서
만든 글자입니다.

 → 井 → 井

井底蛙(정저와):우물 안 개구리
井華水(정화수)

사람과 돼지가 함께 산 이야기

옛날옛날 사람들은 오늘날과 같은 집에서 살지 않고 동굴 속이나, 땅굴을 파고 그 위에 나무를 엮어서 지은 엉성한 집에서 살았어요.

사람이 사는 집이 이렇게 허술하다 보니, 툭하면 뱀이 집 안으로 들어와 사람을 물곤 했어요. 참다 못한 사람들은 꾀를 내어 집 안에서 돼지를 길렀지요. 돼지는 몸에 비계가 많아서 뱀에게 물려도 독이 퍼지지 않아 죽지 않고, 또 뱀을 잘 잡아먹거든요.

그래서 집을 나타내는 글자를 지붕(宀)과 돼지(豕)를 합친 가(家)로 쓰게 되었대요. 돼지를 기르는 곳이 집이라니, 말 하자면 돼지우리가 집인 셈이네요.

우리 나라에서도 예전에 제주도에서 변소 밑에 돼지를 놓아 두고 돼지가 사람이 눈 똥을 먹고 살게 했었어요. 똥에는 영양분이 아주 많이 들어 있거든요.

돼지가 보는 앞에서 볼 일을 보다니, 얼마나 창피했을까요?

돼지가 꿀꿀거리며 흉보지 않았을까요?

門 자와 한데 어울려서 만들어진 한자

間(사이 간) ┄┄┄➤ 時間(시간), 間食(간식)

問(물을 문) ┄┄┄➤ 問題(문제), 質問(질문)

開(열 개) ┄┄┄➤ 開業(개업), 開校(개교)

閉(닫을 폐) ┄┄┄➤ 閉會(폐회), 閉業(폐업)

閑(한가할 한) ┄┄┄➤ 閑寂(한적), 閑暇(한가)

閏(윤달 윤) ┄┄┄➤ 閏年(윤년)

閨(안방 규) ┄┄┄➤ 閨房(규방), 閨秀(규수)

閣(누각 각) ┄┄┄➤ 內閣(내각), 閣下(각하)

家	家				
門	門				
車	車				
窓	窓				
場	場				
室	室				
柱	柱				
井	井				

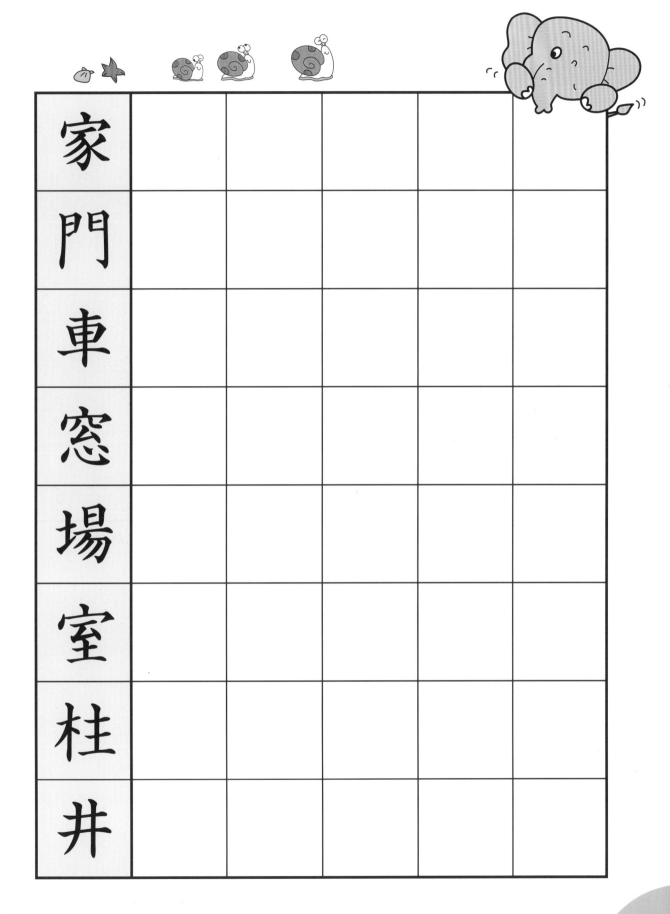

家				
門				
車				
窓				
場				
室				
柱				
井				

사슴의 뿔을 멋지게 그려 주세요.
그리고 아래의 한자를 쓰는 순서대로 바르게 써 보세요.

뿔 각

角

horn[호온]:뿔

角 角 角

★ 角은 짐승의 뿔을 본떠서
만든 글자입니다.

角度(각도)
三角形(삼각형)

생선 몸 속의 뼈 사이를 빠져 나가 보세요.
그리고 아래의 한자를 큰 소리로 읽으면서 써 보세요.

뼈 골

骨

bone[보운]:뼈

骨	骨	骨

★ 骨은 살을 발라 내고 뼈만 남은
모양을 본떠서 만든 글자입니다.

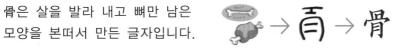

骨董品(골동품)
骸骨(해골)

보들보들 구불구불, 양의 털을 멋지게 그려 넣으세요.
그리고 아래의 한자를 읽고 써 보세요.

털 **모**

毛

hair[헤어]:털(머리털) / wool[울]:양털

毛 　毛 　毛

★ 毛는 새의 깃털 모양을 본떠서
만든 글자입니다.

毛皮(모피)
羊毛(양모)

아빠가 출근 준비를 하고 있어요. 가죽으로 만든 것을 멋지게
색칠하고, 아래의 한자를 읽고 써 보세요.

가죽 **피**	皮	皮	皮
皮 skin[스킨]:가죽, 피부			

★ 皮는 짐승의 가죽을 벗기는
모양을 본떴습니다.

 →皮→皮

皮革(피혁)
皮膚(피부)

냠냠 쩝쩝, 고기를 맛있게 색칠하세요.
그리고 아래의 한자를 쓰는 순서대로 바르게 써 보세요.

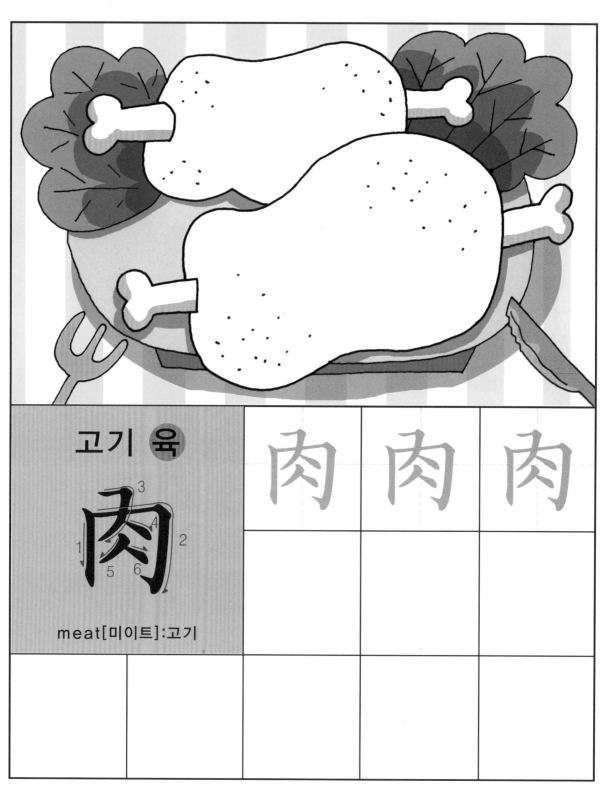

고기 육	肉	肉	肉
肉 meat[미이트]:고기			

★ 肉은 주름진 고깃덩어리 모양을
본떠서 만든 글자입니다.

肉食(육식)
肉身(육신)

친구가 넘어져서 피가 나요. 종이로 반창고를 만들어 무릎에
붙여 주고, 아래의 한자를 읽고 써 보세요.

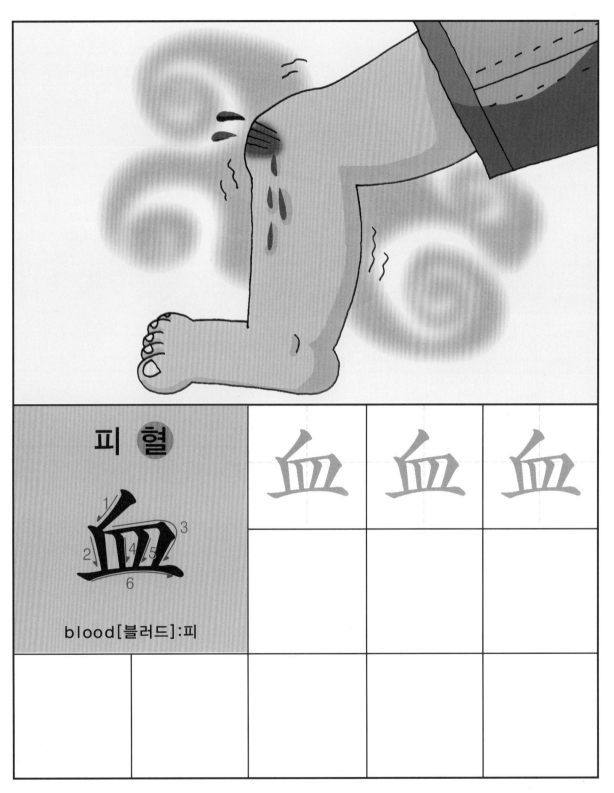

피 **혈**

血

blood[블러드]:피

血　血　血

★ 血은 제사 그릇에 짐승의 피를
　담아 놓은 모양을 본떴습니다.

血肉(혈육)

血氣(혈기)

까마귀가 다른 새들의 깃털을 꽂고 뽐내요. 빈 곳을 예쁘게
색칠하고, 아래의 한자를 읽고 써 보세요.

깃 우 羽 feather[페더]:깃털	羽	羽	羽

★ 羽는 새의 깃 모양을 본떠서
만든 글자입니다.

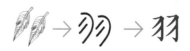 → 羽

羽化(우화)
羽扇(우선):깃털 부채

각각의 돼지 엉덩이에 재미있는 꼬리를 그려 주세요.
그리고 아래의 한자를 큰 소리로 읽으면서 써 보세요.

꼬리 **미**

尾

tail[테일]:꼬리

尾	尾	尾

★ 尾는 몸뚱이(尸) 끝에 난 털(毛)을
뜻하는 글자입니다.

尸 + 毛 → 尾

尾行(미행)
九尾狐(구미호)

그림을 잘 보고, 그림에 어울리는 한자를 찾아 ○하세요.

毛　　角　　骨

肉　　身　　血

內　　肉　　門

骨　　血　　百

戶　　尾　　美

手　　母　　毛

모양이 비슷해서 헷갈리기 쉬운 한자

毛 털 모	手 손 수	血 피 혈	皿 그릇 명	目 눈 목	自 스스로 자
王 임금 왕	玉 구슬 옥	見 볼 견	貝 조개 패	末 끝 말	未 아직 미
土 흙 토	士 선비 사	午 낮 오	牛 소 우	住 살 주	柱 기둥 주
巳 뱀 사	己 몸 기	水 물 수	氷 얼음 빙	白 흰 백	百 일백 백
臣 신하 신	巨 클 거	枝 가지 지	技 기술 기	李 오얏 리	季 끝 계
大 큰 대	犬 개 견	太 클 태	人 사람 인	入 들 입	八 여덟 팔

角	角			
骨	骨			
毛	毛			
皮	皮			
肉	肉			
血	血			
羽	羽			
尾	尾			

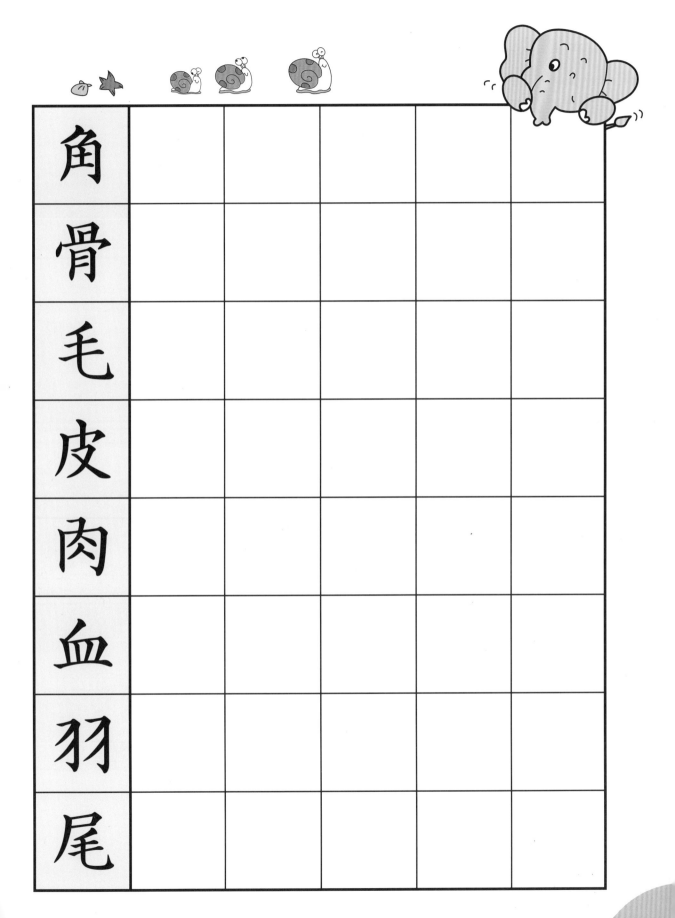

角					
骨					
毛					
皮					
肉					
血					
羽					
尾					

鳥足之血

鳥(새 조) 足(발 족) 之(갈 지) 血(피 혈)

새 발의 피란 뜻으로, 매우 적은 분량을 일컬을 때 쓰는 말입니다.

임금님이 벌거숭이가 되었어요. 임금님이 벗어 놓은 옷을 예쁘게 색칠하고, 아래의 한자를 읽고 써 보세요.

임금 **왕** 王 king[킹]:왕	王	王	王

★ 王은 하늘·사람·땅을 다스리는 사람이 임금이라는 뜻입니다.

王子(왕자)
女王(여왕)

82

벌거벗은 임금님을 보고 신하들이 속으로 깔깔깔 웃어요.
그림을 완성하고, 아래의 한자를 읽고 써 보세요.

신하 신

臣

minister[미니스터]:신하

臣　臣　臣

★ 臣은 임금 앞에 앉아 눈을 크게 뜨고
임금의 말씀을 듣는 모습을 본떴습니다.

 → 臣

臣下(신하)
忠臣(충신)

왕비님도 깔깔깔 웃어요. 그림을 멋지게 완성하고,
아래의 한자를 쓰는 순서대로 바르게 써 보세요.

왕비 비

妃

queen[퀴인]:왕비, 여왕

妃   妃   妃

★ 妃는 女(계집 녀)와 己(몸 기)를
합쳐서 만든 글자입니다.

女 + 己 → 妃

王妃(왕비)
大妃(대비)

백성들도 깔깔깔. 백성들의 얼굴을 재미있게 그려 보세요.
그리고 아래의 한자를 큰 소리로 읽으면서 써 보세요.

백성 **민**

民

people[피이플]:백성

民　民　民

★ 民은 땅 위에 풀과 나무가 무성한
모습을 본뜬 글자입니다.

民族(민족)
國民(국민)

공주님이 숲 속의 오두막집으로 가요. 그림을 완성하고,
아래의 한자를 쓰는 순서대로 바르게 써 보세요.

공변될 공

fair[페어]:공평한

★ 公은 사방으로 둘러싸여 막힌 곳이
아니라는 뜻에서 나온 글자입니다.

公主(공주)
公式(공식)

오두막집의 주인은 일곱 난쟁이래요. 난쟁이들을 각각 멋지게 색칠하고, 아래의 한자를 읽고 써 보세요.

주인 주

主

lord[로오드]:주인

★ 主는 촛불처럼 집안의 중심은 주인이라는 뜻의 글자입니다.

🕯 → 主 → 主

主人(주인)
主婦(주부)

궁궐을 마음대로 멋지게 색칠하세요.
그리고 아래의 한자를 쓰는 순서대로 바르게 써 보세요.

집 **궁**

宮

palace[팰리스]:궁궐

★ 宮은 宀(갓머리)와 呂(등뼈 려)를
합쳐서 만든 글자입니다.

宀 + 呂 → 宮

宮中(궁중)
王宮(왕궁)

우리 **나라** 지도를 점선 따라 그리고 예쁘게 색칠하세요.
그리고 아래의 한자를 읽고 써 보세요.

나라 국	國	國	國
國 nation[네이션]:나라			

★ 國은 사람이 창을 들고 국경을
지키는 모양을 본뜬 글자입니다.

國家(국가)
祖國(조국)

잠자는 공주

아름다운 장미 王國에 장미꽃처럼 예쁜 公主가 태어났어요.

公主는 아무 탈 없이 무럭무럭 자랐어요. 王宮에서는 즐거운

웃음소리가 그치지 않았지요.

그런데 장미꽃밭에서 뛰어놀던 公主가 잠이 들었어요.

公主는 하루가 지나도 이틀이 지나도 잠에서 깨어나지 않았어요.

王과 王妃가 아무리 소리치고 흔들어도 公主는 눈을 뜨지 않았어요.

臣下들이 나팔을 불고, 꽹과리를 두드리고, 목이 터져라

노래를 불러도 아무 소용이 없었어요.

王과 王妃는 구슬프게 울었어요. 王宮에서 새어 나오는

울음소리를 듣고 國民들도 엉엉 울었어요.

한자로 된 낱말을 우리말로 바꾼 다음,
이야기를 큰 소리로 읽어 보세요.

♥ 한자로 된 낱말을 우리말로 바꾼 다음,
이야기를 큰 소리로 읽어 보세요.

이웃 나라의 王子가 公主의 이야기를 듣고 王宮으로 찾아왔어요.

王子는 公主의 손톱 밑에서 무언가를 빼냈어요. 작은 장미 가시였어요.

"아~함!"

갑자기 公主가 길게 하품을 하며 눈을 떴어요.

"아니, 아바마마도 어마마마도 왜 이렇게 늙으셨어요?"

"얘야, 넌 10년 동안이나 잠을 잤단다. 생각 안 나니?"

며칠 뒤에 王宮에서 파티가 열렸어요. 온 國民이 참석한 화려한 파티였
어요. 王子와 公主의 결혼식 파티였거든요.

王	王			
臣	臣			
妃	妃			
民	民			
公	公			
主	主			
宮	宮			
國	國			

王					
臣					
妃					
民					
公					
主					
宮					
國					

正午

晝

해님이 방글방글, 아침이 밝았어요.
나팔꽃을 예쁘게 색칠하고, 아래의 한자를 읽고 써 보세요.

아침 조

朝

morning[모오닝]:아침, 오전

朝 朝 朝

★ 朝는 달이 지고 수풀 사이로
해가 떠오르는 모습을 본떴습니다.

 → 朝 → 朝

朝會(조회)
朝鮮(조선)

저녁이 되자 달맞이꽃이 활짝 피어나요. 달맞이꽃을 예쁘게
색칠하고, 아래의 한자를 쓰는 순서대로 바르게 써 보세요.

저녁 석

夕

evening[이브닝]:저녁

★ 夕은 반쯤 나온 달의 모양을
본떠서 만든 글자입니다.

夕刊(석간)
朝夕(조석)

해바라기는 해님이 환하게 웃는 낮을 좋아해요.
해바라기를 예쁘게 색칠하고, 아래의 한자를 읽고 써 보세요.

낮 주

晝

day time[데이 타임]:낮

晝 晝 晝

★ 晝는 해가 떠 있는 모양을 붓으로
그리는 모습을 본뜬 글자입니다.

晝間(주간)
晝夜(주야)

98

올빼미와 박쥐는 캄캄한 밤을 좋아해요.
하늘을 캄캄하게 색칠하고, 아래의 한자를 읽고 써 보세요.

밤 야			
夜 night[나이트]:밤	夜	夜	夜

★ 夜는 달이 뜨고 모든 생물이
잠이 든 때를 뜻하는 글자입니다.

 → 夾 → 夜

夜光(야광)
夜勤(야근)

바를 정(正)이 씌어진 공만 색칠해 보세요.
무슨 글자가 나타날까요? 그리고 아래의 한자를 읽고 써 보세요.

바를 정	正	正	正
正			
right[라이트]:바른			

★ 正은 목표 지점을 향하여 똑바로
나아가는 모양을 본떴습니다.

 → 正 → 正

正面(정면)
正直(정직)

낮 12시를 정오라고 해요. 정오가 되도록 시계바늘을 그려 넣고, 아래의 한자를 쓰는 순서대로 바르게 써 보세요.

낮 오

午

noon[누운]:낮

午 午 午

★ 午는 위 아래로 교차하는 절구와 공이의 모습을 본뜬 글자입니다.

 → 干 → 午

午前(오전)
正午(정오)

그림에 알맞은 한자를 찾아 줄로 잇고,
각 한자의 음을 ☐에 쓰세요.

 ♡   ♥ 夜

 ♡   ♥ 夕

 ♡   ♥ 晝

 ♡   ♥ 朝 ☐

각 한자어에 알맞은 뜻풀이를 찾아 줄로 이으세요.

朝夕 ☆   ★ 밤 12시

晝夜 ☆   ★ 아침과 저녁

正午 ☆   ★ 낮과 밤

子正 ☆   ★ 낮 12시

수를 셀 때 正자를 이용하면 매우 편리해요. 어떻게 사용하
는지 잘 살펴보고, 각각의 수를 세어 正자로 표시해 보세요.

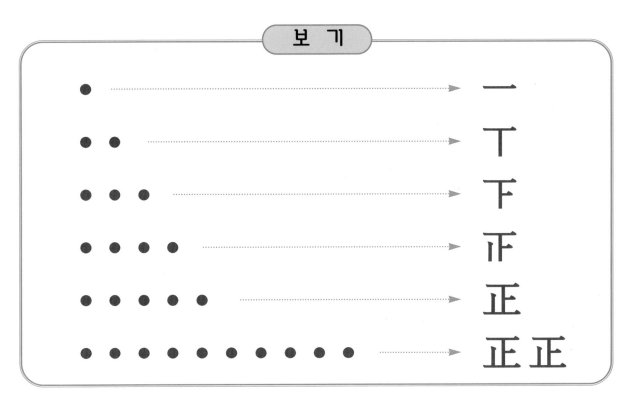

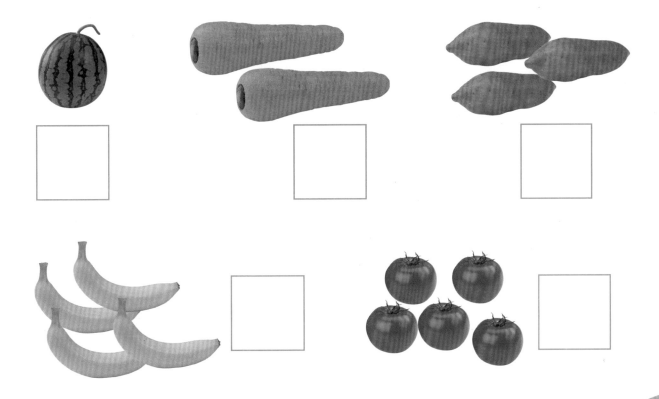

朝	朝				
夕	夕				
晝	晝				
夜	夜				
正	正				
午	午				
晝	晝				
夜	夜				

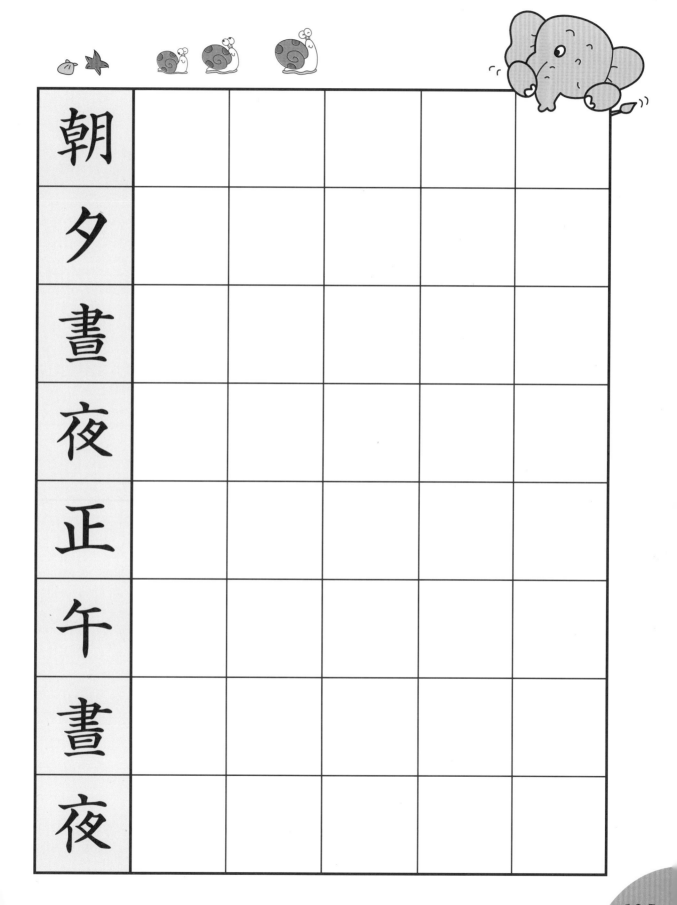

朝					
夕					
晝					
夜					
正					
午					
晝					
夜					

부수(部首)

한자는 모두 5만 자 가량 되지만 214개의 부수로 나누어집니다. 그러므로 어떤 한자를 한자 사전(자전)에서 찾을 때 부수를 이용하면 쉽게 찾을 수 있습니다. 부수는 놓이는 자리에 따라 8가지 종류로 나누어집니다.

⭐ 변(邊) 부수가 글자의 왼쪽에 있는 것

亻/人	사람인변, 사람인		仁 代 信 他
木	나무목변		村 林 松 校
言	말씀언변		計 記 訪 說

⭐ 방(傍) 부수가 글자의 오른쪽에 있는 것

刂/刀	선칼도방, 칼 도	別 前 利 到
阝/邑	우부방, 고을 읍	部 郡 都

⭐ 머리 부수가 글자의 위에 있는 것

宀	갓머리	安 官 宮 完
雨	비우	雲 雪 電 露

발 부수가 글자의 밑에 있는 것

儿　　어진사람인발　　　　　　兄　光　先　充

灬/火　불화발, 불 화　　　　　烏, 烈, 然, 無

엄 부수가 위와 왼쪽을 덮고 있는 것

尸　　주검시엄　　　　　　　　尺　尾　居　屋

虍　　범호　　　　　　　　　　虎　虛　處　號

받침 부수가 왼쪽과 밑을 싸고 있는 것

辶　　책받침　　　　　　　　　遠　近　迎　道

廴　　민책받침　　　　　　　　建　廷

몸 부수가 글자를 에워싸고 있는 것

門　　문 문　　　　　　　　　間　開　閉　閏

口　　큰입구몸, 에울 위　　　　國　四　回

제부수 한 글자가 그대로 부수인 것

金　　　　馬　　　　鳥

朝三暮四

바나나 값이 엄청나게 올랐다. 내일부터는 바나나를 아침에 3개, 저녁에 4개 주겠다.

뭐라고?

여러분, 우리 모두 똘똘 뭉쳐 주인한테 항의합시다!

우린 그렇게 먹고 못 살아!

투쟁

원숭이들도 데모할 줄 아네.

못살아

바나나는 우리의 식량! 더 줘요!

투쟁

음~

알았다!

역시

와~ 우리주인님 짱~ 우~ 와~

그럼 아침에 4개, 저녁에 3개 주겠다. 찬성하나?

바보!

朝(아침 조) 三(석 삼) 暮(저물 모) 四(넉 사)

중국의 저공이란 사람이 자기 집에서 기르는 원숭이들을 위의 만화처럼 해서 구슬렸대요. 조삼모사란 간사한 꾀로 남을 속이는 것을 일컬어요.

식물

柳

松

禾

李

米

벼 속에 숨은 벼 화(禾) 자를 찾아 ○하세요.
그리고 아래의 한자를 쓰는 순서대로 바르게 써 보세요.

벼 **화**

禾
1
2
5
4
3

rice plant[라이스 플랜트]:벼

禾　禾　禾

★ 禾는 벼의 모양을 본떠서 만든
글자입니다.

禾粟(화속):벼,곡식

禾藁(화고):볏짚

쌀밥에서 김이 모락모락. 쌀 미(米) 자가 씌어진 밥그릇을 찾아 예쁘게 색칠하고, 아래의 한자를 읽고 써 보세요.

쌀 미

rice[라이스]:쌀

米 米 米

★ 米는 벼의 끝에 열매가 매달려 있는 모양을 본떴습니다.

黑米(흑미)
白米(백미)

콩꼬투리에서 콩들이 콩콩콩. ←에서 ●까지 한 번에 그리고, 아래의 한자를 쓰는 순서대로 바르게 써 보세요.

콩 두	豆	豆	豆
bean[비인]:콩			

⭐ 묘는 콩의 모양을 본떠서 만든 글자입니다.

 → 묘 → 豆

豆腐(두부)
豆太(두태):콩과 팥

소나무는 추운 겨울에도 푸른 잎을 그대로 간직해요.
소나무 잎을 예쁘게 색칠하고, 아래의 한자를 읽고 써 보세요.

소나무 송

松

pine[파인]:소나무

松 松 松

★ 松은 木(나무 목)+公(공변될 공)을 합쳐서 만든 글자입니다.

木 + 公 → 松

松林(송림)
老松(노송)

판다는 대나무의 어린 싹을 좋아한대요.
점선 따라 그리고, 아래의 한자를 읽고 써 보세요.

대나무 죽	竹	竹	竹
竹 bamboo[뱀부우]:대나무			

★ 竹은 대나무 잎이 아래로 늘어진
모양을 본떠서 만든 글자입니다.

 → 朩朩 → 竹

竹馬故友(죽마고우)
竹林(죽림)

116

오얏 리(李) 자가 씌어진 자두를 모두 찾아 알맞게 색칠하세요.
그리고 아래의 한자를 쓰는 순서대로 바르게 써 보세요.

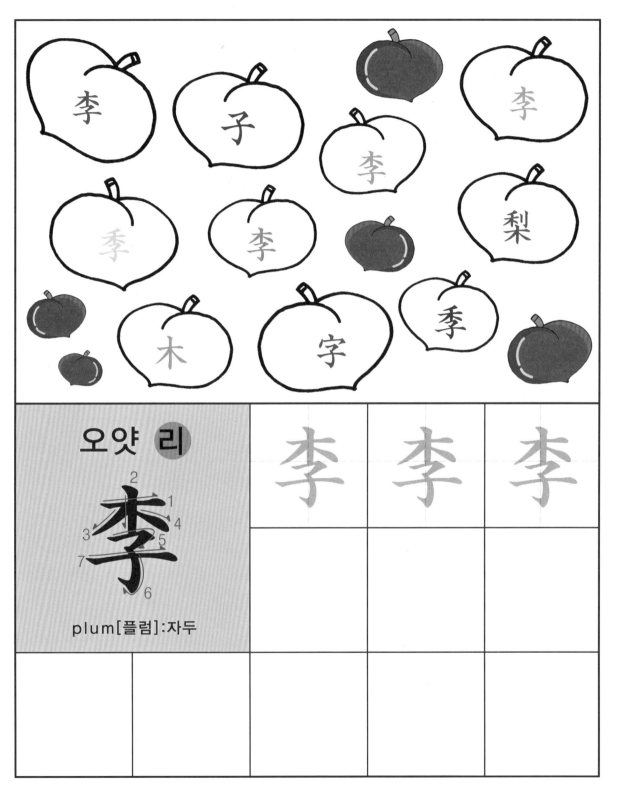

오얏 리 李 plum[플럼]:자두	李	李	李

★ 李는 木(나무 목)과 子(아들 자)를
합쳐서 만든 글자입니다.

木 + 子 → 李

李成桂(이성계)
桃李(도리):복숭아와 자두

그림 속에서 버들 류(柳) 자를 찾아 ○하고, 아래의 한자를 쓰는
순서대로 바르게 써 보세요.

버들 류

willow[윌로우]:버드나무

★ 柳는 木(나무 목)과 卯(넷째지지 묘)를
합해서 만든 글자입니다.

木 + 卯 → 柳

細柳(세류)
楊柳(양류)

그림에 알맞은 한자를 찾아 줄로 잇고,
각 한자의 뜻과 소리를 ( ) 안에 쓰세요.

 ☆

★ 米 (　　　　)

 ☆

★ 竹 (　　　　)

 ☆

★ 豆 (　　　　)

 ☆

★ 李 (　　　　)

 ☆

★ 柳 (　　　　)

禾	禾				
米	米				
豆	豆				
松	松				
竹	竹				
李	李				
柳	柳				
柳	柳				

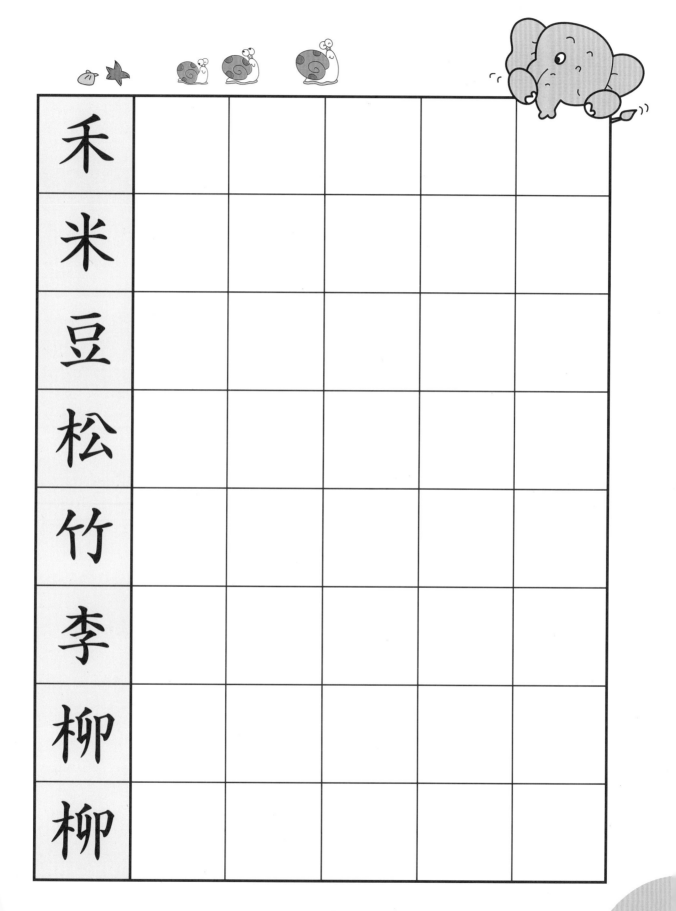

禾					
米					
豆					
松					
竹					
李					
柳					
柳					

나뭇잎 모양을 따라 ←에서 ●까지 한 번에 그리고,
아래의 한자를 쓰는 순서대로 바르게 써 보세요.

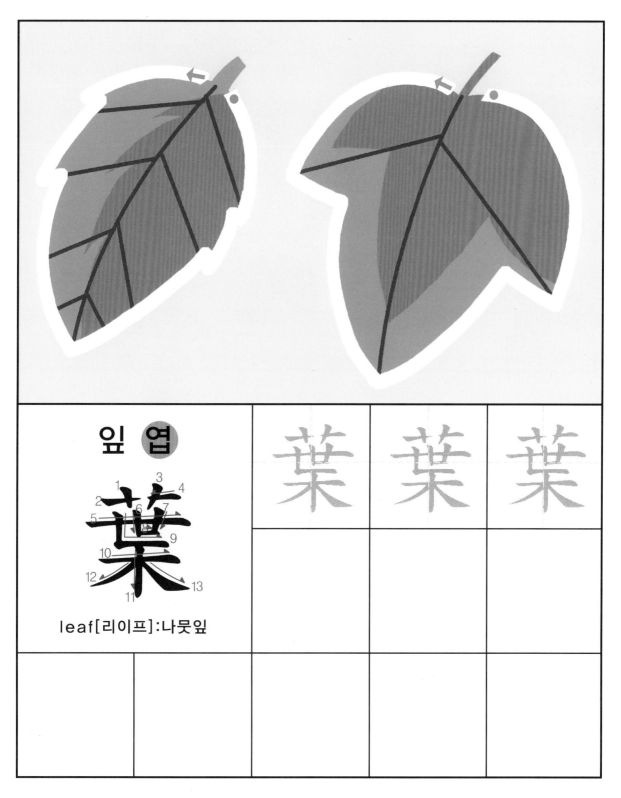

잎 엽

leaf[리이프]:나뭇잎

★ 葉은 풀과 잎이 많이 달린 나무의
모양을 본떠서 만든 글자입니다.

 → 葉

葉書(엽서)
落葉(낙엽)

나뭇가지 위에 누가 있나요? 나뭇가지를 멋지게 색칠하고,
아래의 한자를 읽고 써 보세요.

가지 **지**

枝

branch[브랜취]:나뭇가지

枝 枝 枝

★ 枝는 木(나무 목)과 支(가를 지)를
합쳐서 만든 글자입니다.

木 + 支 → 枝

枝葉(지엽):가지와 잎
幹枝(간지):원줄기와 가지

흙 속에 내린 뿌리를 그려 보세요.
그리고 아래의 한자를 쓰는 순서대로 바르게 쓰세요.

뿌리 근 根 root[루우트]:뿌리	根	根	根

★ 根은 나무(木)가 끝나는(艮) 뿌리를
뜻하는 글자입니다.

木 + 艮 → 根

根本(근본)
球根(구근):알뿌리

각각의 열매를 알맞은 색으로 예쁘게 색칠하세요.
그리고 아래의 한자를 읽고 써 보세요.

열매 **실**	實	實	實
實 fruit[프루우트]:열매, 과일			

★ 實은 과일이 익으면 속이 꽉
차게 된다는 뜻의 글자입니다.

 → 實

實力(실력)
眞實(진실)

葉	葉				
枝	枝				
根	根				
實	實				
葉	葉				
枝	枝				
根	根				
實	實				

한자어에서 생겨난 재미난 우리말

◈ 설마가 썰매?

루돌프 사슴이 끄는 썰매를 타고 하얀 눈 위를 달리는 산타 할아버지……. 썰매는 한자어 설마(雪馬)가 변한 말이래요. 눈 설(雪), 말 마(馬), 즉 눈 위를 달리는 말이 곧 썰매이지요. 그런데 어째서 사슴이나 개가 아니고 말일까요? 옛날에는 말에 수레 따위를 매달아 달리게 했다는군요. 설마 설마 하고 자꾸 부르다 보니 썰매로 바뀌게 되었답니다.

◈ 창고는 창씨와 고씨?

창고(倉庫)는 두 사람의 성을 합쳐 만든 말이래요. 옛날옛날 중국에 창(倉)씨와 고(庫)씨가 살았는데 두 사람은 매우 성실하고 정직해서, 나라에서는 나라의 귀중한 물건을 보관하는 건물을 두 사람이 지키도록 했대요.
두 사람이 죽은 뒤에는 그 자손들이 대대로 그 일을 맡아보았지요. 주위 사람들은 물건을 보관하는 건물을 두 사람의 성씨를 따서 창고(倉庫)라고 불렀고, 지금까지도 그대로 쓰이고 있는 거래요.